Estimado lector,

Nos emociona presentarle este maravilloso libro sobre los mamíferos, el cual es parte de nuestra colección Beginnings. Estos libros llenos de información y con hermosas ilustraciones introducen a los jóvenes al fascinante mundo de los animales y, por lo tanto, a ellos mismos.

La curiosidad científica empieza en la niñez, cuando las mentes jóvenes están sedientas de información sobre el mundo a su alrededor. La exposición a los animales — ya sea en la naturaleza o por medio de un libro — a menudo es una de las causas del interés de los niños por la ciencia. Cuando era joven, a Jane Goodall le encantaba observar a los animales cerca de su hogar, una pasión que inspiró sus innovadoras investigaciones sobre los chimpancés. Charles Turner pasó muchas horas leyendo sobre las hormigas en los libros de su padre antes de convertirse en un entomólogo pionero. Despierte la curiosidad en un niño y vea cómo desarrolla un entusiasmo por el aprendizaje durante toda su vida.

Los libros de la serie Beginnings alientan a los niños a hacer conexiones con el mundo real que agudizan sus habilidades analíticas y les dan una ventaja en las disciplinas CTIM (ciencias, tecnología, ingeniería y matemáticas). Las investigaciones demuestran que los niños pequeños que están expuestos a literatura que no es ficción desarrollan un vocabulario sólido y habilidades de comprensión de lectura, lo cual más adelante se traduce a tasas más altas de éxito estudiantil.

Más que solo manuales educativos básicos, estas historias también ilustran y exploran el amor y el afecto en las familias de animales. Enseñarles a los niños este tipo de apego en el mundo natural promueve la empatía, bondad y compasión en sus interacciones interpersonales y entre especies.

Nuestra colección Beginnings es una elección fácil para el hogar, la biblioteca o el salón de clases, ya que ayuda a despertar o mantener la curiosidad incipiente en todos los niños.

¡Que la disfruten!

Dia

Dia L. Michels
Publisher, Science Naturally

P.D. Nuestros materiales complementarios de aprendizaje permiten que los adultos ayuden a los lectores jóvenes en su búsqueda de conocimiento. Consúltelos de forma gratuita en ScienceNaturally.com.

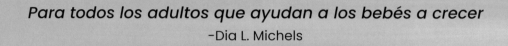

Para todos los adultos que ayudan a los bebés a crecer
-Dia L. Michels

Para Adelaide Stephenson Davies
-Wesley Davies

Así
CREZCO

Por Dia L. Michels

Ilustrado por Wesley Davies

Science, Naturally!

Una impreso de Platypus Media, LLC

Washington, D.C.

Así crezco
Paperback ISBN 13: 978-1-938492-27-3 | First Edition • October 2020
eBook ISBN 13: 978-1-938492-28-0 | First Edition • October 2020
Part of the Platypus Media collection, Beginnings
Beginnings logo by Hannah Thelen © 2018 Platypus Media

Written by Dia L. Michels, Text © 2020
Illustrated by Wesley Davies, Illustrations © 2020
Globe Illustration by Hannah Thelen © Science, Naturally! 2020

Project Manager: Anna Cohen, Washington, D.C.
Cover and Book Design: Hannah Thelen, Washington, D.C.
      Victoria Stingo, Washington, D.C.
      and Wesley Davies, Providence, RI
Certified translation by The Spanish Group, LLC, Irvine, CA

Also available in English as *This Is How I Grow*
      Hardback ISBN: 978-1-938492-10-5 I First Edition • March 2020
      Paperback ISBN: 978-1-938492-08-2 I First Edition • March 2020
      eBook ISBN: 978-1-938492-09-9 I First Edition • March 2020

Teacher's Guide available at the Educational Resources page of ScienceNaturally.com.

Published by:
      Science, Naturally! – An imprint of Platypus Media, LLC
      725 8th Street, SE
      Washington, DC 20003
      202-465-4798 • Fax: 202-558-2132
      Info@ScienceNaturally.com • ScienceNaturally.com

Distributed to the book trade by:
      National Book Network (North America)
          301-459-3366 • Toll-free: 1-800-787-6859
          CustomerCare@NBNbooks.com • NBNbooks.com
      NBN International (worldwide)
          NBNi.Cservs@ingramcontent.com • Distribution.NBNi.co.uk

Library of Congress Control Number: 2020016454

10 9 8 7 6 5 4 3 2 1

Printed in Canada

Contenidos

E Especies en peligro de extinción   **V** Especies vulnerables

¿En dónde creces?

ÁFRICA

ANTÁRTICA

ASIA

AUSTRALIA

EUROPA

NORTEAMÉRICA

SUDAMÉRICA

Soy un cachorro, un murciélago cola de ratón bebé.

Estoy creciendo en una cueva muy, muy oscura.

Antes no podía ver mucho, pero podía oler a mi mamá. Mientras me amamantaba, ella me limpiaba y se aprendía mi aroma.

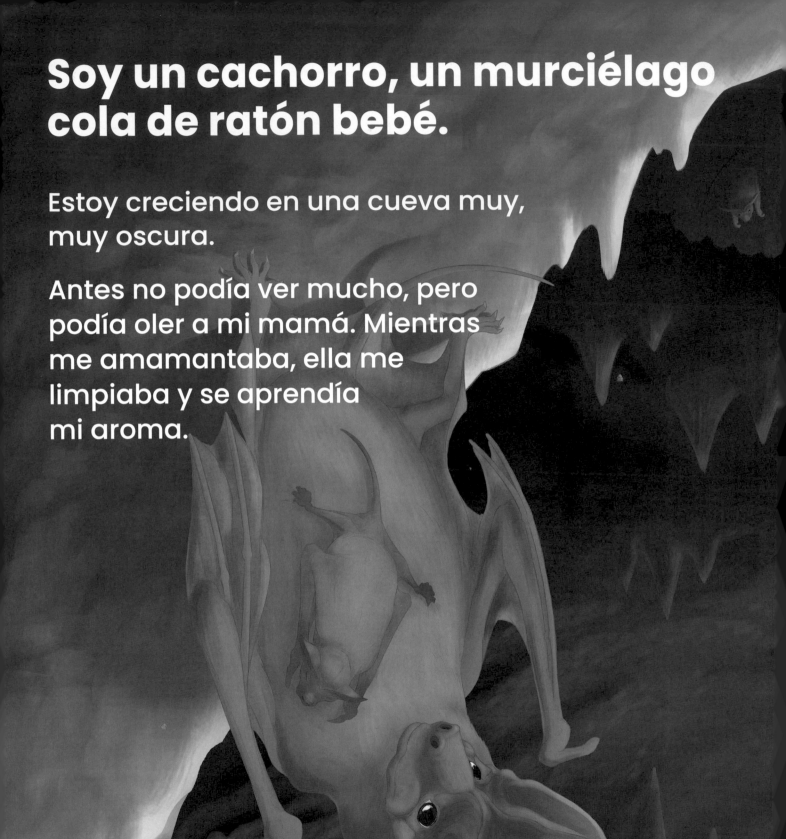

Cuando me sentía lleno, ella me llevaba
al techo de la cueva para que me quedara
colgando con los otros bebés. Ella regresaba
dos veces al día para alimentarme.

Ahora que tengo cuatro semanas, caigo desde la cima de la cueva, extiendo mis alas y vuelo. Practico con los otros bebés.

Cuando tenga seis semanas, ya no voy a necesitar tomar la leche de mi mamá. Volaré por el bosque, atrapando insectos crujientes, y ya seré todo un adulto.

Yo soy una ardilla roja bebé.

Crezco con mis hermanos en lo alto de un árbol.

Todos nacimos calvos y ciegos. Cada dos horas nos acurrucábamos con nuestra mamá para amamantar.

Algunas veces ella nos dejaba durmiendo mientras salía a buscar comida.

Cuando teníamos un mes, finalmente abrimos nuestros ojos y nos paramos.

Ahora que tenemos seis semanas,
ya no amamantamos tanto.

Nuestra mamá nos enseña cuáles
son las mejores nueces y bayas
para alimentarnos.

Cuando tenga diez semanas
ya voy a saber cómo encontrar mi
propia comida y esconder comida
para más tarde, y ya seré
todo un adulto.

Yo soy un canguro rojo bebé.

Crezco dentro de la bolsa de mi mamá, en donde estoy muy seguro. Cuando nací era tan pequeño como una frijol de jalea.

Me metí a la bolsa de mi mamá, en donde viví por seis meses. Amamanté todo ese tiempo.

Cuando me volví lo
suficientemente fuerte,
saqué la cabeza de la
bolsa de mi mamá y vi
el mundo por primera vez.

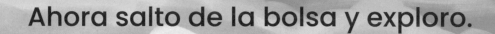

Ahora salto de la bolsa y exploro.

Le doy mordisquitos al mismo césped que come mi mamá. Y solo me amamanto dos veces al día.

Cuando tenga un año,
ya no voy a regresar a la
bolsa de mi mamá.

Voy a dormir bajo la sombra y
buscar comida por los arbustos,
y ya seré todo un adulto.

Yo soy un cachorro, un puma bebé.

Crezco escondido en una madriguera.

Cuando nací no podía ver ni oír, pero sí podía sentir que mis hermanos y hermanas estaban junto a mí.

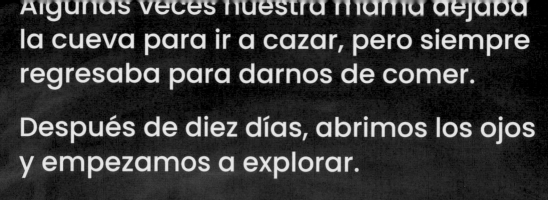

Algunas veces nuestra mamá dejaba la cueva para ir a cazar, pero siempre regresaba para darnos de comer.

Después de diez días, abrimos los ojos y empezamos a explorar.

A los tres meses, practicamos y
ayudamos a nuestra mamá a cazar.

Conforme nos hagamos más
fuertes, amamantaremos menos y
pasaremos algunas noches solos.

Cuando tenga un año y medio, me alejaré de mi familia para hacer mi propio hogar. Voy a poder cazar mi propia comida y ya seré todo un adulto.

Yo soy un ballenato, una ballena azul bebé.

Crezco estando en movimiento.

Al poco tiempo de haber nacido, seguí a mi mamá mientras ella nadaba por las cálidas aguas tropicales.

Cuando me daba hambre,
le daba golpecitos con mi nariz
y ella echaba un chorro de leche en
el agua para mí. Bebo 375 litros de leche
todos los días para poder crecer muy rápido.

Cuando tenga tres meses, será hora para que nos vayamos al sur. Voy a hacer este largo viaje todos los años.

Cuando al fin lleguemos a las frías aguas antárticas, mi mamá me enseñará a comer un banquete de camarones antárticos.

Cuando tenga dos años, voy a poder viajar yo solo y ya seré todo un adulto.

Yo soy un osezno, un oso polar bebé.

Crezco en una cueva bajo la nieve.

Después de que mi gemelo y yo nacimos, nos acurrucamos cerca de nuestra mamá y nos amamantamos.

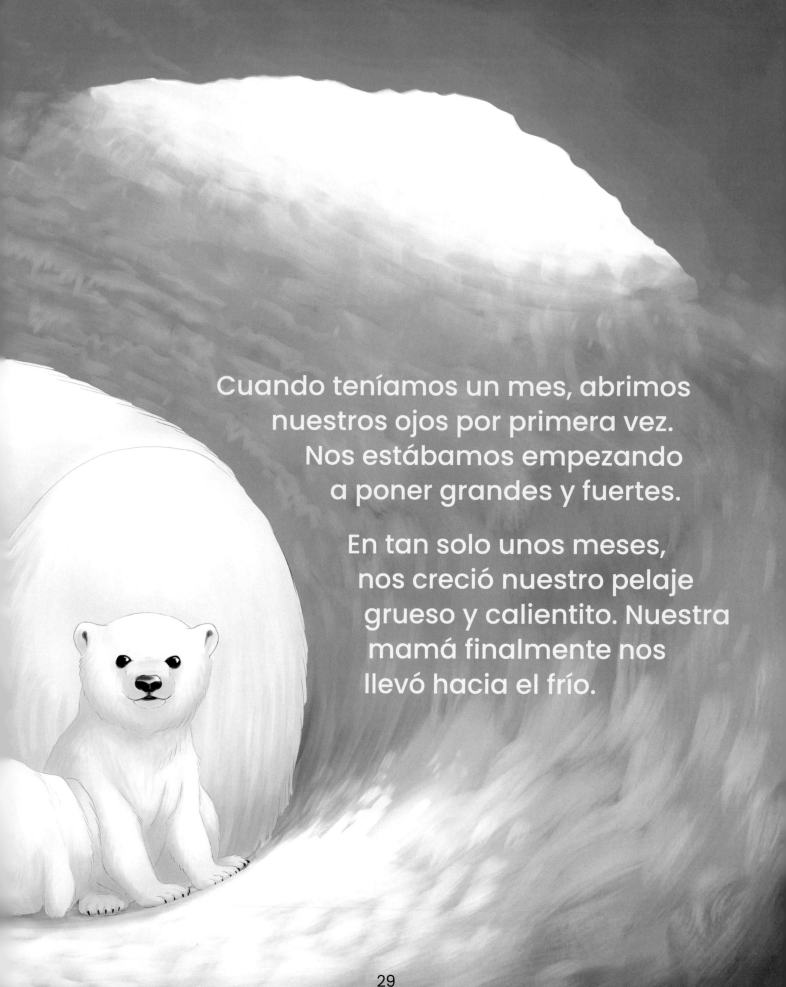

Cuando teníamos un mes, abrimos
nuestros ojos por primera vez.
Nos estábamos empezando
a poner grandes y fuertes.

En tan solo unos meses,
nos creció nuestro pelaje
grueso y calientito. Nuestra
mamá finalmente nos
llevó hacia el frío.

Por dos años veremos a nuestra mamá cazar en el hielo del océano e intentaremos copiarla.

Pronto ella nos dejará solos y tendremos que encontrar nuestra propia comida.

Cuando tenga tres años, seré un cazador feroz. Voy a pesar 270 kilogramos y ya seré todo un adulto.

Yo soy un ternero,
una jirafa Masai bebé.

Cuando termino de crecer llego a ser muy alto.

Después de nacer, me tambaleé
para pararme y poder alcanzar
lo suficientemente alto
para amamantar.

32

Por algunos meses, la leche de mi mamá era mi único alimento.

La seguía a todas partes con la manada y me amamantaba cuando tenía hambre.

Después de unos meses, mi mamá me enseña a usar mi lengua para bajar hojas de los árboles.

Pronto masticaré 34 kilogramos de plantas al día.

Cuando cumpla cuatro años, ¡seré más
alto que cualquier otro animal terrestre!

Mis ojos serán lo suficientemente buenos
como para ver a los depredadores
a kilómetros de distancia y ya
seré todo un adulto.

Yo soy un elefante asiático bebé.

Crezco muy, muy despacio.

Después de nacer, seguía a mi mamá por todos lados y bebía de su leche cuando podía.

Después de unos meses, empecé a seguir a otras mamás en nuestra manada, amamantándome con cualquiera que me dejara.

Ahora tengo seis meses.

Puedo usar mi trompa para hacerle cosquillas a mi mamá, cubrirme con lodo fresco y ponerme comida en la boca. Los adultos en mi manada me enseñan qué césped puedo comer.

Cuando tenga cinco años voy a
tener un papel muy importante
en mi comunidad. Voy a cuidar
a los miembros más pequeños de
la manada y ya seré todo un adulto.

Aquí es **donde crezco**

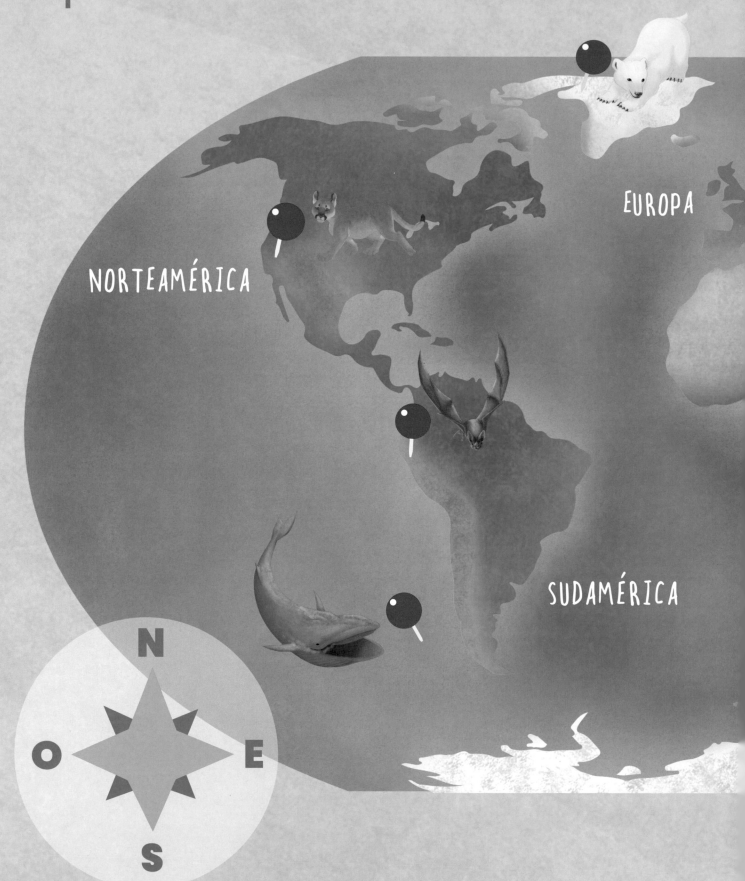

EUROPA

NORTEAMÉRICA

SUDAMÉRICA

N
O   E
S

ASIA

ÁFRICA

AUSTRALIA

ANTÁRTICA

¿En dónde *creces*?

Recursos

Usamos una gran cantidad de recursos al investigar a los animales y hábitats en este libro. Aquí están las fuentes principales que usamos para reunir nuestra información. ¡Consúltalas para aprender más!

• **Sociedad Americana de Mastozoología,** una sociedad de científicos que se dedica a estudiar a los mamíferos y publica la Revista de Mastozoología (Mammalogy.org)

• **Animal Diversity Web,** una base de datos de la Universidad de Michigan con información sobre la historia natural, distribución, clasificación y biología de la conservación de los animales (AnimalDiversity.org)

• **La Enciclopedia Británica,** la enciclopedia de conocimiento general en idioma inglés más vieja del mundo (Britannica.com)

• **La Lista Roja de Especies Amenazadas de la Unión Internacional para la Conservación de la Naturaleza,** una colección completa de información sobre el estado de conservación global de las especies de animales, hongos y plantas (IUCNRedList.org)

• **National Geographic,** una organización global sin ánimos de lucro dedicada a ayudar a entender al mundo y generar soluciones para un futuro más sostenible (NationalGeographic.org)

• **Nature Works,** un recurso en línea desarrollado por New Hampshire PBS en asociación con Squam Lakes Natural Science Center (NHPTV.org)

• **Zoológico de San Diego,** una organización para la conservación comprometida a salvar especies alrededor del mundo (Zoo.SanDiegoZoo.org)

• **El Museo Nacional de Historia Natural de los Estados Unidos,** una organización dedicada a entender el mundo natural y nuestro lugar en él (NaturalHistory.si.edu)

• **Western Wildlife Outreach,** un proyecto de educación comunitaria basado en la ciencia que se especializa en los grandes carnívoros en el oeste de los Estados Unidos (WesternWildlife.org)

• **World Wildlife Foundation,** la agencia principal que trabaja para proteger a la naturaleza y el futuro de nuestro planeta (WorldWildlife.org)

Agradecimiento especial a Don Wilson y Michael L. Power por sus contribuciones como expertos.

Descargue gratis la Guía para Maestros para obtener una lista completa de recursos, más información y actividades prácticas sobre los animales en este libro.

Encuéntrela en ScienceNaturally.com/Educational-Resources.

 Busque este símbolo en el resto del libro, el cual indica que puede encontrar una actividad relacionada en la Guía para Maestros.

Acerca del autor

Dia L. Michels es una escritora galardonada de libros de ciencias y paternidad que ha escrito o editado más de una docena de libros para niños y adultos. Este es su cuarto libro que explora temas científicos por medio de historias de animales. Estudiar a los mamíferos le ha ayudado a apreciar la simplicidad e importancia de la crianza con apego y la lactancia materna. Es madre de tres hijos adultos y vive en Washington D.C., en donde comparte su hogar con tres gatos y un perro. Puede comunicarse con ella en Dia@ScienceNaturally.com.

Acerca del Ilustrador

Wesley Davies es un artista de Nueva Inglaterra que se especializa en ilustración y arte cómico. Recibió una Licenciatura en Antropología en Kenyon College, graduándose con honores Phi Beta Kappa, y ha producido arte toda su vida. Hizo algunos dibujos decorativos para el libro Así se alimentan los bebés, publicado por Platypus Media en el año 2018, pero este libro es su debut como ilustrador de libros para niños. Vive en Rhode Island en tierra narragansett, con su colección creciente de plantas de interior. Puede comunicarse con él en WesDavies.com o por correo electrónico en Wesley@ScienceNaturally.com.

Acerca del proceso de Wesley

La autenticidad visual es esencial al crear un libro sobre las ciencias ya que podemos aprender muchas cosas con tan solo ver las imágenes: cómo se ve un animal, cómo está estructurado el grupo familiar, qué son las plantas y otros animales en su ambiente, qué tan grandes son los animales y mucho más. Le preguntamos a Wesley cómo hizo sus investigaciones y su arte para *Así crezco*.

Para mí, dibujar involucra dos cosas: observación y consideración. Primero, debo ver al sujeto a quien voy a dibujar o pintar para poder entender su apariencia y su forma de moverse, y luego tengo que descubrir cómo estampar ese movimiento en la página.

Lo primero que hago cuando voy a empezar a hacer una ilustración es reunir referencias como imágenes, videos o libros que encuentro en línea o en la biblioteca pública local. Algunas veces ya conozco a un animal o ambiente porque he visto al animal antes, ya sea en la naturaleza, en parques zoológicos o en santuarios de vida silvestre. También reúno referencias sobre en dónde vive un sujeto y cómo es el ambiente allí. Cuando tengo suficiente información, hago algunos dibujos de práctica o estudios del tema en un cuaderno de bocetos o de forma digital en mi tableta, que es en donde hago la mayoría de mis dibujos y pinturas. Intento que estos bocetos sean tan simples y rápidos como sea posible para poder tener una idea sobre las formas básicas que comprenden la forma de cada animal, y tomo nota sobre los detalles pequeños que debo recordar más tarde.

Luego planeo un borrador de la ilustración. Este borrador es monocromático (hecho con muchos tonos del mismo color) para ayudarme a entender cómo quiero que se vea la composición con luz y sombras. El borrador es sometido a muchas revisiones y cuando se ve y se siente bien, empiezo a agregar detalles. Después de hacer eso, les agrego bloques de color a los animales, y luego los pinto y refino. Tener varias capas de pintura también le agrega riqueza y luminosidad al color, pero debo tener cuidado de no sobrepasarme y hacer que los colores se vean turbios por accidente. Conforme termino el fondo, ajusto los colores y sombras en los sujetos para que sean más cohesivos y después de hacer más revisiones y de revisar las ilustraciones para detectar errores, las piezas están terminadas.

¿Qué aprendió al ver las imágenes en el libro? ¿Qué preguntas tiene sobre lo que vio? Algunas de sus preguntas se pueden responder en las páginas siguientes...

Murciélago cola de ratón
Tadarida brasiliensis

"¿Cómo se mantiene el bebé boca abajo con su mamá?"

La mayoría de los murciélagos cuelgan boca abajo cuando no están volando. Sus pies han evolucionado especialmente para que puedan sostenerse tan fácilmente como sentarnos lo es para nosotros. Cuando el bebé se fija en la cuna de murciélagos con los otros bebés, cuelga boca abajo también, pero mientras está con su mamá, el bebé se sostiene firmemente a ella con sus talones diminutos.

 Vea la Guía para Maestros para encontrar una actividad que demuestra cómo los murciélagos cuelgan boca abajo tan fácilmente.

"¿Esos son murciélagos también?"

No, ¡son gavilanes de cola roja! Los gavilanes son depredadores de los murciélagos y están activos al anochecer, cuando los murciélagos cola de ratón empiezan a dejar su cueva para cazar. Incluso si los murciélagos salen a buscar sus propios alimentos, ¡tienen que asegurarse de no terminar siendo la cena de alguien más!

Hay otros dos depredadores de los murciélagos cola de ratón en la misma página que los gavilanes. ¿Puedes encontrarlos?

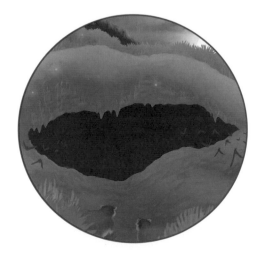

"¿En dónde están los murciélagos bebés?"

Los murciélagos bebés se quedan adentro de la cueva, en donde sus depredadores no pueden alcanzarlos. Solo salen cuando ya saben cómo volar. La cueva está naturalmente fría, pero los bebés se acurrucan mucho para mantenerse calientitos. Se quedan adentro de la cueva de forma segura hasta que pueden volar lo suficientemente bien como para poder escapar de los depredadores.

Ardillas rojas
Sciurus vulgaris

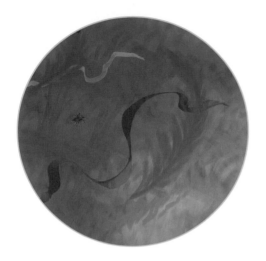

"¿Por qué hay lazos en el nido?"

Las ardillas rojas comen, duermen y crían a sus bebés dentro de sus nidos. Usan musgo, hojas, césped, corteza y cualquier otro material que pueden encontrar para fabricar su nido. Ya que viven tan cerca de los seres humanos, a menudo toman materiales hechos y desechados por los humanos para fabricar sus nidos, incluyendo papel, cintas de zapato y lazos.

"¿Los bebés se caen del agujero en el árbol?"

Las ardillas rojas bebés empiezan a moverse antes de siquiera abrir sus ojos. Incluso si no pueden ver a dónde van, normalmente no se caen. Cuando empiezan a moverse, usan sus pequeñas garras para sostenerse del borde del nido o de la parte de afuera del árbol para quedarse en su lugar.

Algunas veces, una ardilla roja tiene mala suerte y se cae de su nido. Si encuentras una ardilla roja bebé que no parece estar lastimada, puedes estar seguro de que la mamá la encontrará. Ayúdala a mantenerse caliente y espera a que regrese su mamá.

"¿Las ardillas se llevan bien con los pájaros?"

Los pájaros y las ardillas rojas no se llevan bien. De hecho, los pájaros son depredadores. Los pájaros grandes como los halcones y las águilas capturan y se comen a las ardillas pequeñas. Las ardillas adultas atacan los nidos de los pájaros y se comen los huevos e incluso a los pájaros recién nacidos. Esa no es la comida favorita de las ardillas, pero se comen a los pájaros cuando están desesperadas por encontrar comida.

Canguros rojos
Macropus rufus

"¿Por qué la mamá se está lamiendo el estómago?"

Después de dar a luz, la mamá canguro lame un camino sobre su estómago para que su recién nacido lo siga y llegue a su bolsa. Los canguros recién nacidos son ciegos pero pueden oler los lugares en donde ha estado la lengua de su mamá. Aún no tienen las piernas traseras, así que usan sus pequeños brazos para moverse y llegar a la bolsa de su mamá.

"¿Por qué son tan grandes sus pies?"

Los canguros rojos usan sus grandes pies de muchas formas y no solo para moverse. No pueden mover sus piernas traseras una a la vez, así que saltan en lugar de caminar. Cuando sienten que se acerca el peligro, golpean sus pies fuertemente contra el suelo para advertir a su familia.

¿Sabías que los canguros rojos son parte de la familia Macropus? Esa palabra significa literalmente "pies grandes".

"¿Qué está haciendo ese bebé?"

El canguro bebé se está amamantando. Los pezones de un canguro hembra están adentro de su bolsa. Cuando los bebés son muy pequeños, ellos viven y comen allí, pero cuando son más grandes viven afuera. Pero aun así, todavía necesitan amamantarse. Entonces, los canguros rojos bebés vuelven a meter sus cabezas dentro de la bolsa para comer.

Pumas
Puma concolor

"¿Por qué los bebés tienen manchas y la mamá no?"

Los pumas bebés nacen con manchas que usan para confundirse con su ambiente. Los manchas se ven como las sombras dentro de la cueva o a través de las hojas de los árboles en el bosque. Los pumas adultos no tienen muchos depredadores, pero los bebés son más vulnerables contra los osos, lobos e incluso las aves de presa. Por eso sus mamás los mantienen escondidos en las cuevas o en otro tipo de albergues hasta que son lo suficientemente grandes para protegerse.

"¿Por qué no están huyendo los otros venados?"

Es cierto que las pumas cazan a los venados; el animal al que se están comiendo en el fondo de la imagen también es un venado. Sin embargo, es debido a la presencia de ese alimento que estos venados no tienen mucho de qué preocuparse. Toma mucha energía atacar y matar a cualquier animal rápido y grande, y la energía la obtienen al comer. Ya que la puma mamá y sus cachorros ya tienen bastante comida, sería un desperdicio de energía intentar matar a otro animal.

"¿Se van a comer a todo el venado de una sola sentada?"

Los pumas no comen mucha comida de una sola sentada. Los adultos comen aproximadamente 4.5 kilogramos de carne todos los días y los cachorros comen aún menos. Cuando un puma mata a un animal, esconde el cuerpo en algún lugar en donde otros animales no puedan encontrarlo. Lo cubre con hojas, ramas, tierra y/o nieve para mantenerlo escondido, y regresan todos los días para comer un poco más. ¡Un venado puede durarle más de una semana a un solo puma adulto!

Ballenas azules
Balaenoptera musculus

"¿Por qué hay un agujero en la parte de arriba de su cabeza?"

Al igual que los seres humanos, las ballenas respiran aire. En lugar de usar su boca o nariz, las ballenas respiran a través de un agujero en la parte de arriba de su cabeza, llamado espiráculo, el cual es similar al agujero de la nariz de un humano. Es más fácil sacar el espiráculo del agua que levantar toda su cabeza.

Ya que viven bajo el agua, las ballenas pueden aguantarse la respiración por mucho tiempo. Las ballenas azules pueden quedarse bajo el agua por períodos de 20 minutos consecutivos.

"¿Qué son esos puntos blancos en las ballenas?"

¡Son balanos! Los balanos son criaturas pequeñas que viven dentro de conchas. Se pegan a las ballenas, botes y otras superficies bajo el agua usando un pegamento muy fuerte que ellos producen. Les gusta vivir sobre las ballenas ya que necesitan moverse rápidamente por el agua para poder comer. Conforme la ballena nada, los balanos filtran el agua que pasa sobre ellos para atrapar comida.

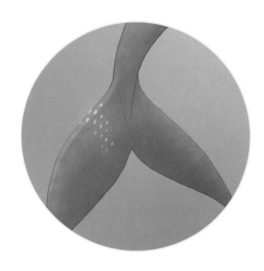

"¿Qué es eso en la boca de la ballena bebé?"

En lugar de tener dientes, las ballenas azules tienen barbas, las cuales son como pelo grueso que cuelga de la mandíbula de la ballena. Ellas lo usan para colar y recolectar comida. Las ballenas toman un gran bocado de agua salada que contiene camarones antárticos y peces pequeños. Empujan el agua hacia afuera mientras su barba retiene a la comida adentro.

TG Para leer más sobre la barba y cómo funciona, revisa la Guía para Maestros.

Osos polares
Ursus maritimus

"¿Qué come la mamá dentro de la cueva?"

Las mamás de los osos polares comen bastante comida mientras están embarazadas. Sin embargo, después de dar a luz no comen nada por aproximadamente tres meses. Tienen que esperar a que sus bebés crezcan lo suficiente como para salir. Luego, la mamá finalmente atrapa a una foca para comérsela. ¡Este es uno de los períodos más largos de tiempo que un animal puede pasar sin alimentos!

"¿Cómo atrapan los osos polares a las focas?"

Los osos polares usan su fuerte sentido del olfato y sus garras poderosas para atrapar focas. Encuentran agujeros en el hielo del mar y esperan. Los osos polares pueden oler a las focas bajo el hielo. Cuando una foca se acerca, desliza una pata hacia abajo y la saca del agua.

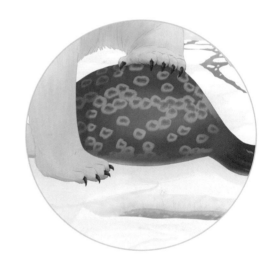

"¿Qué es eso?"

Es un zorro ártico. Estos pequeños animales viven en ambientes fríos. Su pelaje blanco les ayuda a confundirse con la nieve. Para los animales pequeños es difícil encontrar comida en el ártico. A menudo esperan a que los osos polares terminen su comida para poder comerse las sobras.

Los osos polares casi solo se comen las partes grasosas de las focas a las que atrapan, dejando la carne para los carroñeros como los zorros árticos.

Jirafas Masai
Giraffa camelopardalis tippelskirchii

"¿Qué está haciendo ese bebé?"

Las jirafas beben de grandes charcos de agua en el suelo, los cuales se llaman bebederos. Ya que son tan altas y tienen unos cuellos tan largos, tienen que separar sus patas delanteras y bajar las cabezas para beber. Pero deben tener cuidado: hay cocodrilos viviendo en el bebedero.

¿Sabías que las jirafas adultas no tienen muchos depredadores? Solo los terneros tienen que preocuparse por ser atacados por los cocodrilos. Incluso los leones atacan solamente a las jirafas adultas si se están muriendo de hambre.

"¿Por qué sus lenguas son moradas?"

Cuando las jirafas comen, envuelven sus largas lenguas alrededor de una rama y le quitan las hojas. El color azul oscuro de sus lenguas les ayuda a prevenir las quemaduras del sol. Muchas de las plantas que comen tienen espinas puntiagudas, pero las lenguas gruesas de las jirafas y su saliva pegajosa evitan que se lastimen.

"¿Por qué están peleando?"

Las jirafas macho pelean usando sus cuellos largos y fuertes. Este comportamiento se llama "necking" en inglés. Los terneros lo hacen por diversión o para jugar, pero los adultos se lo toman más en serio. El necking establece dominio y determina quién logra aparearse. Después de pelear, las jirafas Masai a menudo hacen las pases acurrucándose.

Elefantes asiáticos
Elephas maximus

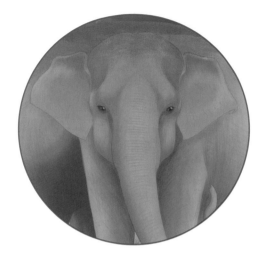

¿Por qué los elefantes asiáticos no tienen colmillos?"

Solo los elefantes asiáticos machos tienen colmillos y las manadas están conformadas completamente por elefantes hembras que son parte de una familia y sus bebés. Sin embargo, algunas de las hembras tienen dientes que se parecen a los colmillos. Estos dientes son más suaves, pequeños y no sobresalen mucho de la boca. Pueden usarlos para quitarle la corteza a los árboles para comer, pero no son lo suficientemente largos para excavar, levantar o pelear, como los colmillos de los machos.

 Mira la Guía para Maestros para encontrar una actividad que demuestra una forma muy importante en la que los elefantes asiáticos usan sus colmillos.

"¿Ese animal va a atacar a los elefantes?"

Normalmente pensamos que los osos son depredadores que dan miedo, pero ese pequeñín es un oso perezoso, uno de los miembros más pequeños de la familia de los osos. Estos osos pesan menos de 115 kilogramos, por lo que no serían un gran rival para los elefantes asiáticos. Los osos perezosos comen tanto carne como vegetación, pero principalmente comen termitas. De hecho, los osos perezosos tienen más probabilidades de ser atacados por los elefantes que de atacar a uno.

"¿Los elefantes comen y beben con su trompa?"

Los elefantes usan sus trompas para recoger comida y agua, pero no comen o beben a través de su trompa. Su trompa es como una combinación de una nariz y labio superior, y es muy fuerte y flexible. Al igual que las personas, los elefantes comen y beben con sus bocas, pero sus trompas les ayudan como si fueran una mano o brazo.

Los elefantes asiáticos bebés chupan la punta de su trompa igual que los bebés humanos chupan su dedo o chupete. Les ayuda a mantenerse tranquilos y contentos.

Más libros de la colección Beginnings

Cuddled and Carried

Cuddled and Carried
Consentido y cargado

Celebre el vínculo especial entre madre e hijo en el reino animal.

32 páginas • Recomendado para niños de 0 a 4 años

INGLÉS
8.5 x 11"
Tapa dura ($14.95) ISBN 13: 978-1-930775-99-2
Tapa blanda ($9.95) ISBN 13: 978-1-930775-98-5
eBook ($8.99) ISBN 13: 978-1-930775-43-5

BILINGÜE (Inglés/Español)
8.5 x 11"
Tapa dura ($14.95) ISBN 13: 978-1-930775-96-1
Tapa blanda ($9.95) ISBN 13: 978-1-930775-95-4
eBook ($8.99) ISBN 13: 978-1-930775-97-8

BILINGÜE (Inglés/Español)
Edición compacta - 6 x 8"
Tapa blanda ($8.95) ISBN 13: 978-1-930775-65-7
eBook ($7.99) ISBN 13: 978-1-930775-66-4

Babies Nurse

Babies Nurse
Así se alimentan los bebés

La poesía dulce y las acuarelas maravillosas presentan a los lectores madres mamíferos alimentando a sus crías.

32 páginas • Recomendado para niños de 4 a 7 años

INGLÉS
8.5 x 11"
Tapa dura ($14.95) ISBN 13: 978-1-930775-61-9
Tapa blanda ($9.95) ISBN 13: 978-1-930775-71-8
eBook ($8.99) ISBN 13: 978-1-930775-36-7

BILINGÜE (Inglés/Español)
8.5 x 11"
Tapa dura ($14.95) ISBN 13: 978-1-930775-73-2
Tapa blanda($9.95) ISBN 13: 978-1-930775-72-5
eBook ($8.99) ISBN 13: 978-1-930775-74-9

If My Mom Were a Platypus:
Mammal Babies and Their Mothers

Si mi mamá fuera un ornitorrinco:
Los bebés mamíferos y sus madres

Descubre cómo 14 bebés mamíferos crecen desde un estatdo indefenso hasta la madurez.

64 páginas • Recomendado para edades de 8 a 12 años

Science, Naturally!
Sparking curiosity through reading

INGLÉS
7 x 10"
Tapa blanda ($12.95) ISBN 13: 978-1-938492-11-2
eBook ($8.99) ISBN 13: 978-1-938492-12-9
También disponible en hebreo y holandés

ESPAÑOL
8.5 x 11"
Tapa dura ($16.95) ISBN 13: 978-1-938492-03-7
Tapa blanda ($12.95) ISBN 13: 978-1-938492-06-8
eBook ($11.99) ISBN 13: 978-1-938492-05-1

Guías para maestros disponible en la página de recursos educativos en ScienceNaturally.com